“절[illegible]지 않는 자는
[illegible]질 수 없다.”

우리에겐 절망조차 금지되어 있다

쇠렌 오뷔에 키르케고르 지음

우리에겐 절망조차 금지되어 있다

Søren Aabye Kierkegaard

키르케고르 아포리즘

Selv Fortvivlelse er Forbudt for Os

세창미디어
MEDIA

이동용 엮음

일러두기

- 철학자의 이름 '키르케고르'는 첫음절의 장음을 표현하는 의미에서 '키에르케고르'라고도 하는데, 여기서는 국립국어원 한국어 어문 규범에 따라 한 글자를 줄여 '키르케고르'로 하기로 한다. 한 글자를 줄이는 것 외에 별다른 의미는 없음을 밝혀 둔다.

- 키르케고르는 개신교 신자였으므로 가톨릭교의 개념 표현을 지양하고, 개신교의 개념을 기준으로 선택하여 옮겨 놓았음을 밝혀 둔다. (예시. 하느님 → 하나님, 그리스도교 → 기독교)

차례

기도

Bøn

하나님! 쓸모없는 것에 대해서는
우리의 눈을 흐리게 해 주옵시고,
당신의 모든 진리에 대해서는
우리의 눈을 밝혀 주옵소서.

제 곁에는 항상 웃는 사람들만 있게 하소서.

현실: 절망, 우울, 권태

Virkelighed: Fortvivlelse,
Depression, Kedsomhed

†

절망은 죽음에 이르게 하는 병이다.

절망은 죄다.

절망은 영원을 잃는 것이다.

이제 그대는 절망 속에 빠져 있다. 그대는 아무것도 하기 싫다. 그리고 그대는 아무것도 피하려 하지 않는다. "사람들이 집 지붕 전체를 뜯어내고자 해도 나는 피하지 않으리라." 그대는 무책임하게 이런 말이나 지껄이고 있다. 그대는 마치 죽어 가고 있는 사람 같다. 그대는 정말 날마다 죽어 가는 운명을 가진 것 같다. 도대체 그대의 삶을 묘사하는 데 이런 말 외에 무슨 말이 더 필요하단 말인가. 그대의 삶은 그 자체의 현실을 상실하고 말았다. 그대는 항상 다른 사람이 이 집에서 나가라고 말해 줄 그 순간을 계산하며 기다리고 있을 뿐이다. 그대는 모든 것이 그저 의미 없이 지나가도록 내버려둔다. 수많은 의미로 가득 찬 인생에서 그대는 그 어떠한 인상도 받지 못한다. 하지만 제발 좀 눈을 뜨고 보라. 그대를 지배하는 모든 것들은 우연히 왔을 뿐이다.

물론 우리 시대도 고대 그리스 시대와는 비교도 안 될 정도로 훌쩍 넘어서 있는 특성을 갖고 있다. 우리들의 시대가 직면한 현실 감각은 진지하고 우울해져 있고, 또 바로 그런 연유로 모든 것은 희망을 상실한 채 절망에 빠져 있다. 우리들의 시대를 대표하는 사람들은 스스로 생각에 임하는 데 남다른 능력을 발휘한다. 그들은 자기 자신이 언제나 윤리적으로 책임질 일과 그 의미를 알아내는 데 우울할 정도로 탁월한 능력을 발휘하고 있다. 그런데 그들은 모든 것을 지배하려 하지만, 아무도 책임지려 하지 않는다.

유한성의 절망은 이런 것이다. 한 인간은 절망을 반복하기에 잘 살아가며, 게다가 세상의 시간성 속에서 살고 있기에 더욱더 잘 살아갈 수 있는 것이다. 그런 유한성과 시간성을 통해 인간은 모습을 드러내고, 그런 과정에서 그는 다른 사람들로부터 칭송을, 때로는 존경을 받기도 하며, 때로는 명성을 얻기도 한다. 인간은 시간성이 부과하는 온갖 과제들과 함께 일상을 형성한다. 그렇다. 세상은 이런 사람들로 채워져 있다. 아니, 그런 사람들이 자신의 세상을 써 내려간다. 사람들은 자신의 세상을 살아가기 위해 자신의 재능을 사용해야 하고, 돈도 모아야 하며, 때로는 세속적인 일들을 감당해야 하고, 또 영리하게 일상에 임해야 한다. 삶을 살아가는 데 필요한 것은 수도 없이 많다. 이것도 해야 하고, 저것도 해야 한다. 그러다 보

▷▷

▷▷

면 역사 속에서 언급되는 인물이 되기도 한다. 그러나 아쉽게도 유한성과 시간성 속에서 펼쳐진 그들 자신은 그들이 아니다. 인간은 정신적으로도 살아야 하는데, 그런 측면에서 보면 그들은 자신의 세상에서도 결단코 자기 자신을 갖고 있지 않다. 자기 자신도 갖고 있지 않으면서도 세상을 살아가고 있는 어처구니없는 일이 벌어지고 있다. 유한성에 절망하든, 시간성에 절망하든, 그런 사람들은 신 앞에서 드러내야 할 자기 자신을 가지고 있지 않기에, 바로 그 신 앞에 다가설 생각조차 하지 못한다. 비록 세상 속에서는 뭐든지 할 수 있을지는 몰라도, 신 앞에서 요구되는 자기 자신이 없기에 그 어떤 용기도 내지 못하는 것이다.

자기 자신이란 것은 소위 가능태를 말한다. 필연적이기도 하고 또 동시에 무궁한 가능성을 품고 있다. 자기 자신은 있는 그대로 이미 자기 자신이지만, 그것은 또 다시 자기 자신이 되어야 한다. 자기 자신이 자기 자신이면 그것은 필연적이지만, 자기 자신이 되어야 할 때는 가능성 그 자체이기도 하다.

만약 이런 가능성이 필연성을 무시하고 혼자서 달려 나가게 되면, 자기 자신에게 부여된 가능성 속에서 오히려 자기 자신을 버리고 달아나는 꼴이 되고 만다. 그 결과 그는 자기 자신에게로 되돌아가야 할 필연성을 획득하지 못하는 지경에 이르게 된다. 이것이 바로 가능성의 절망이다.

좌절의 가능성은 무엇보다도 모든 기독교적인 문제에 있어서 변증법적 계기가 된다.

보라, 이런 식으로 절망의 힘은 모든 것을 파괴해 버릴 것이다. 절망의 파괴 행위는 그대가 자기 자신을 자기의 영원한 가치 안에서 스스로 찾을 때까지 지속될 것이다.

사람들이 자신의 삶을 관찰하면 얼마나 불행해지는지. 사람들이 자기도 모르게 잘못된 타락의 길로 접어들고 있다는 것을 알면 알수록 얼마나 더 불행해지는지. 사람들은 끝까지 산다고 해도 자기 삶이 품고 있었던 내용을 지속해서 펼치지도, 그 내용을 지키지도 못한다. 사람들은 그저 그림자처럼 사라질 뿐이고, 불멸이라 불리고 평가받고 있는 그들의 영혼은 그저 서서히 병들어 시들 뿐이다. 게다가 사람들은 이 불멸성이라는 문제 앞에 단 한 번도 제대로 서 보지 못한다. 그들은 그 앞에서 불안을 느낀다. 그들의 영혼이 죽기 전에 이미 꺼진 불꽃처럼 빛을 잃어버렸기 때문이다.

사람이 우울해지는 것은 오로지 자기 책임이다.

죄와 직면할 때 느끼는 불안이 죄를 만들어 낸다.

사람은 근원적일수록 불안이 깊어진다.

인간에게 있어서 불안이 커질수록 감각적인 것도 동시에 커지는 것이 문제다.

우울이란 도대체 무엇일까? 답은 분명하다. 그것은 정신의 히스테리다.

우울 안에는 설명할 수 없는 그 무엇인가가 내재하고 있다. 누군가가 마음에 상처를 입어 통증을 느끼거나 걱정이 바로 그 마음속에서 스스로를 괴롭히고 있다면, 그는 무엇이 그를 괴롭히고 있는지 잘 알 것이다. 그런데 만약 그대가 우울에 관해 묻는다면, 그 우울은 그대에게 아무런 대답을 내놓지 못할 것이다. 우울이 대답을 내놓는다고 해도 이런 말뿐이리라. "나는 모르겠다. 나는 그것을 설명할 수도 없다"라고. 바로 여기에 우울의 무한성이 도사리고 있다. 이 대답은 지극히 정당하고 옳다. 우울을 인식하는 순간 이미 그 우울은 지양되고 사라질 것이다. 이에 반해 통증은 인식한다고 해서 사라지지 않는다.

그러나 어쨌거나 우울은 또 하나의 죄다. 그렇다, 하나의 우울이라 해도 그것은 이미 모든 죄를 대표하는 죄가 된다. 이 우울의 죄는 사람들이 원하지 않아도, 또 깊은 뜻을 품고 내면적으로 단호하게 원하지 않는다 해도, 그것은 벌써 모든 죄의 어머니가 된다. 이것은 질병이다. 더 정확히 말하자면 죄다. 이것은 우리의 시대에 만연해 있다. 독일과 프랑스가 온통 이 질병과 이 죄로 인해 신음하고 있다.

내가 두려워하는 것은 웃긴 것도 아니고, 슬픈 것도 아니다. 내가 진정으로 두려워하는 것은 그저 권태를 불러일으키는 지루하고도 어려운 일들뿐이다.

그러나 이 대지 위에서 이방인으로, 또 방랑자로 산다는 것이 얼마나 고통스러운 일인지, 얼마나 슬픈 일인지, 또 얼마나 큰 굴욕을 당해야 하는 일인지를 항상 명심해 주길 바란다.

오오, 슬픔에 빠진 불행한 자여!

산 사람들 사이에서도, 죽은 사람들 사이에서도,

삶 속에서도, 죽음 속에서도 안주할 곳이 없구나!

이렇게 나도 역시 한 쇠사슬에 묶여 있다. 이 쇠사슬은 암울한 상상들과, 소름 끼치는 꿈들과, 불안한 생각들과, 확고하지 않은 예감들과 설명할 수 없는 공포들로 줄줄이 엮여 있다. 이 쇠사슬은 너무도 유연하여 비단처럼 부드럽지만, 끝없이 이어지는 최고의 긴장감까지도 견뎌 낼 수 있다. 하물며 이 쇠사슬은 절대로 끊어지는 법이 없다.

'아마도', '아마도', 이 악마 같은 '아마도'. 그래, 나는 이 '아마도' 때문에 미칠 것만 같다! 이 '아마도'에 다가서면 그 '아마도'는 늘 더 많은 '아마도'를 보여 준다. 나는 극장과 연주회 그리고 무도회나 사람들로 붐비는 산책로에서 그녀를 찾아 헤맸지만 모두 헛수고였다. 하지만 내가 그녀를 찾을 수 없다는 것이 어떤 의미로는 내게 한없는 즐거움을 선사해 준다. 그녀는 한 소녀에 불과했고, 게다가 그녀는 목적의식을 갖고 싸운다고 다 쟁취할 수 있는 그런 존재도 아니었다. 그녀에게는 필연적인 조건이라 말할 수 있는 그 무엇, 즉 논리적으로 접근할 수 있는 근원적인 그 무엇이 빠져 있을 뿐이다.

시인이란 무엇인가? 그는 불행한 사람이다. 가슴 속에 뜨거운 고통을 품고 있고 입술로는 오로지 탄식만을 쏟아내지만, 그 탄식은 오히려 낯선 이의 귓속에서 아름다운 음악처럼 들릴 뿐이다. 그래서 그의 운명은 마치 팔라리스의 황소 속에서 약한 불로 서서히 고문을 받던 불행한 희생자들과 비슷하다. 그 잔혹한 군주의 귀에는 그들의 비명이 공포나 충격을 자아내기는커녕, 오히려 맑고 명랑한 음악으로 들렸다. 사람들은 시인의 주변으로 모여들고 이렇게 외쳤다. "다시 한번 우리를 위해 노래를 불러라!"

새로운 고통이 그대의 영혼을 괴롭히게 하라. 하지만 그대의 입술은 지금처럼 변하지 말고 그대로 머물러라. 그대의 비명은 우리를 불안과 두려움에 휩싸이게 하지만, 그대의 음악은 사랑스럽기만 하다.

철학은 내 질문에 대해서 단 한마디의 답도 하지 못한다. 왜냐하면 나는 미래에 대해서 질문하기 때문이다. 그대는 이런 대답이 무의미함을 잘 알고 있을 것이다. 나는 철학을 인정한다. 철학 공부를 해야 한다는 말은 지극히 당연한 소리이다. 모순이라는 이 대전제는 철학을 통해 실제로 지양止揚될 수 있다. 말하자면, 철학자는 사유를 통해 그 모순을 매 순간보다 더 높은 통일성 속으로 올려놓는다. 이런 철학적 행위는 미래의 시간에만 제한되지 않는다. 대립은 내가 그것을 생각하고 또 중재에 나서기 전에 이미 이 세상에 존재한다. 대립이 있는 곳이면, 그곳에는 이미 '이것이냐, 저것이냐' 하는 문제도 있다.

나는 대립을 중재한다는 측면에서 철학이 할 수 있는 일이 무엇인지에 대해 좀 더 정확하게 살펴 보고 싶다.

어떤 사람이 죄의식이나 양심의 가책으로 절망한다면, 그는 두 번 다시 즐거움을 찾을 수 없을지 모른다. 온 영혼과 모든 힘을 동원하여 절망할수록 절망의 늪은 더욱 깊어질 뿐이다. 그런 식으로 절망할수록 절망은 삶을 더욱 어렵게 만든다. 게다가 아무리 절망해도 애초에 요구했던 사항은 변함없이 그대로 머물러 있을 것이다.

인생은 하나의 가장무도회다. 그대의 말은 옳다. 게다가 아무도 그대가 누군지 알아내지 못할 것이다. 모든 공개된 모습은 언제나 하나의 거짓이다. 그리고 언제나 진실은, 그대도 역시 하나의 비밀로 가득 찬 가면을 쓰고 있다. 말하자면, 그대는 무無에 불과할 뿐이다. 그대가 누군지 그 본질적인 문제는 오로지 그대가 누구를 상대하는지 그 관계의 내용을 통해서만 규명될 뿐이다.

하지만 그대는 그대의 가면을 벗어 던져야 하는 한밤중이 온다는 사실을 모르는가?

내 앞에는 항상 텅 빈 공간뿐이다. 나를 그 앞으로 밀어붙이는 것은 내 뒤에서 버티고 있는 일관성이다. 이런 나의 인생이야말로 혼란스럽고 끔찍하다. 나 외에 과연 누가 이런 인생을 견뎌 낼 수 있단 말인가?

불안은 육체를 가지고 심장으로 향하는 길을 내는 기관이다. 이런 힘을 지닌 불안은 그런 일에 능통하다. 불안은 정신적인 힘이고, 이런 힘을 가진 육체는 스스로 인간의 심장을 향해 굴을 뚫고 들어간다. 화살은 목표에 도달하면 멈추지만, 인간의 불안은 끊임없이 지속된다. 사랑에 빠진 자가 정열적이고 에로틱한 시선으로 자신의 대상을 욕망에 휩싸여 응시하듯이, 불안도 그와 똑같이 욕정으로 가득 찬 시선으로 고통을 끊임없이 응시한다. 오로지 그 고통을 잡아채기 위해서 조용하지만 식지 않는 사랑의 열정처럼 오로지 자신의 대상에만 몰두한다. 바로 그런 식으로 불안은 고통과 직면하면서 자기 자신에게 집중한다. 그러나 여기서 멈추지 않고 불안은 자기 자신을 자신의 대상에 얽매이게 하는 또 다른 동기도 자기 안에 품고 있다. 자신의 대상을 사랑하면서도 동시에 두려워하는 것이다.

나는 내 주변에 쉽게 만날 수 있는 수많은 친구 외에도 진정으로 믿고 맡길 정도로 친밀한 친구가 한 명 더 있다. 그것은 나의 깊은 우울이다. 그는 내가 즐겁게 놀 때나 혹은 내가 한참 일에 푹 빠져 있을 때도, 난데없이 나에게 신호를 보낸다. 하물며 내가 정말로 그의 곁에 바짝 붙어 있을 때조차 자기 곁에 더욱 다가와 달라고 다그친다. 나의 우울은 내가 사귀었던 애인 중에서도 가장 충실한 연인이라 말할 수 있다! 그런데 내가 그녀를 다시 사랑한다고 해서 굳이 놀라운 일이라 말할 수 있을까?

나의 유일한 친구, 그는 바로 메아리이다. 그가 왜 나의 친구인지 묻는다면, 나는 나의 애수를 사랑하고, 그는 내게서 이것을 빼앗으려 하지 않는다고 답할 것이다. 내가 믿는 사람은 오직 한 사람뿐. 바로 밤의 고요함이다. 그리고 또 왜 그녀가 나의 믿음을 온전히 받는지 묻는다면, 그녀는 침묵하기 때문이라고 답할 것이다.

인생은 나에게 쓰디쓴 음료가 되어 버렸다. 나는 그것을 약사로부터 처방받은 약처럼 신중하게 한 방울, 한 방울 세어 가며 복용해야만 한다.

아무도 죽음으로부터 돌아오지 못한다. 아무도 울지 않고는 세상에 들어오지 못한다. 아무도 묻지 않는다. 언제 이 세상에 들어오고 싶은지, 또 언제 이 세상에서 나가고 싶은지를.

위대함, 지식, 명성,

우정, 쾌락, 재물.

모든 것은 한 줄기 바람이나 망상에 불과하다.

더 정확하게 말하자면, 무無에 지나지 않는다.

그대 자신은 아무것도 아니다. 그대는 그저 수수께끼 같은 스핑크스다. 그의 이마에는 이렇게 적혀 있다. '이것이냐, 저것이냐' 이것이야말로 나의 좌우명이다. 그리고 이 말들은 문법학자들이 믿고 있는 접속사, 즉 서로 다른 속성을 이어 주는 상관 접속사가 아니다. 내가 하는 이 말들은 이런 것이 절대로 아니다. 이것들은 오로지 서로 떨어질 수 없고 늘 함께 있어야 하며 그래서 오로지 단 하나의 단어로 적혀야 한다. 나는 이 말들을 가지고 감탄사처럼 활용하며 인류를 향해 외쳐 대고 싶다.

역설과 선택:
이것이냐, 저것이냐

Paradoks og Valg: Enten - Eller

†

절망은 장점만 있을까? 아니면 단점만 있을까? 그저 순전히 변증법적으로 볼 수만 있다면 절망은 둘 다 갖고 있다.

비극적인 것 속에는 비애도 있지만, 동시에 절대로 무시해서는 안 될 치유의 힘도 있다.

신앙의 변증법만큼 세련되고 독특한 것은 이 세상에 존재하지 않는다. 이 변증법이 보여 주는 세상의 어떤 두드러진 부분에 대해서 나는 생각은 할 수 있으나, 그 이상은 아무것도 할 수가 없다. 이 변증법을 통해 나는 거대한 도약을 실현해 낼 수도 있다. 또 그런 도약을 통해 나는 무한성 속으로 돌입할 수도 있다. 나의 등은 어린 시절부터 굽어 있는 줄타기 곡예사의 등처럼 움츠러져 있다. 그래서 줄타기 같은 일은 내게 너무도 쉬운 일이 되었다. 나는 실존이라는 영역 속에서 하나, 둘, 셋 하고 머리로 걸을 수도 있다. 하지만 나는 한순간에 그런 일을 도저히 할 수도 없는 지경에 이르기도 한다. 내게는 기적과 같은 일을 실현할 수 있는 능력이 없다. 그렇다고 해도 손해 볼 것은 없다. 나는 아무것도 할 수 없는 그런 지경 속에서 마침내 나 자신을 경악 속에 빠뜨릴 수는 있기 때문이다.

절망이라는 질병은 완전히 변증법적이기 때문에, 그런 질병에 단 한 번도 걸린 적이 없다면, 이는 가장 심각한 불행이다. 그 질병이 치명적이라는 사실을 분명히 알고도 그 병에 기꺼이 걸리고 또 한 걸음 더 나아가 그 질병으로부터 나을 기대나 생각조차 하지 않을 때, 마침내 진정한 행복을 향한 문이 열린다.

절망할 일이 아니다. 그렇다, 이것은 진정 엄청난 과업이다. 그가 자기 자신에게 떠맡긴 최고의 숙제다. 그러니 우리 함께 눈여겨 살펴보도록 하자. 이것이 어떻게 풀리고 또 해결되는지를.

이 무슨 끔찍한 모순이란 말인가! 그대의 모든 본질은 그대 자신에 대해 모순적이다. 하지만 이토록 가혹한 '이것이냐, 저것이냐'를 통과하면서 그대는 이 모순을 극복하고 밖으로 헤쳐 나올 수 있을 것이다.

나는 언젠가 그대에게 말해 주겠다. 내가 지금 무슨 일을 하고 있는지 분명하게 말해 줄 날이 있을 것이다. 그때가 되면 나는 이렇게 말할 것이다. 우리의 마음이 우리 자신을 얼마나 잘 속이는지. 다시 말하면, 사람들이 자기 자신에 의해 얼마나 잘 속고 있는지. 하지만 이런 말도 잊지 않을 것이다. 그대가 변증법이라는 구원의 권력을 이미 그대 안에 지니고 있다고. 그대가 품고 있는 이 변증법은 어떤 상황에서도 모든 것을 위해서 사면권을 발부해 줄 것이다. 게다가 이 변증법은 어떤 상황에서도 모든 것을 해방하고 또 밖으로 내던지고 말 것이다.

자기 자신을 시험해 보고 올바른 선택을 하는 것은 언제나 중요한 일이다.

나는 '이것이냐, 저것이냐' 외에는 아무것도 말할 수 없다.

이 세상을 지배하고 있는 것은 절대적인 '이것이냐, 저것이냐'다.

그렇다, 그대는 느끼고 있으리라. 사람들은 하나의 선택 앞에 서 있다는 사실을. 이것이야말로 진정으로 현실적이다. '이것이냐, 저것이냐.'

‘이것이냐, 저것이냐’ 이것은 보물이다. 내가 여기 이 대지 위에서 사랑하는 사람들에게 남겨 주고 싶은 보물이다. 만약 나의 아들이 나를 이해할 나이가 되었고 또 내가 인생의 끝자락에 이르렀다면, 나는 그에게 진실로 이런 말을 해 주고 싶다. 나는 너에게 어떤 재산도, 어떤 직함도, 어떤 높은 위엄도 남겨 주지 못하는구나. 하지만 나는 어디에 보물을 묻어 두었는지 잘 알고 있다. 그 보물은 너를 이 세상에서 그 누구보다도 더 부자로 만들어 줄 것이다. 이 보물은 네 것이다. 그 보물은 네 본래의 자기 자신 안에 있다. 그것은 ‘이것이냐, 저것이냐’다. 이 보물은 사람을, 천사를 훌쩍 뛰어넘어 하늘 높이 비상하게 해 줄 것이다.

이 말('이것이냐, 저것이냐')은 나에게 항상 강력한 인상을 남겼다. 그리고 이 말은 계속 나에게 그런 인상을 주고 있다. 게다가 내가 이 말을 단호하고도 간단하게 입안에 담아낼 수 있을 때 더욱 특별한 힘을 발휘한다. 이 말에는 세상에서 가장 끔찍한 대립을 움직일 가능성이 내포되어 있다.

대립은 오로지 자유를 위해서 존재한다.

나는 자유를 위해서 싸운다.

내가 그것을 제대로 얻을지, 그렇지 않을지는 나의 힘에 달려 있지 않지만, 그것을 선택하느냐, 하지 않느냐 하는 그 선택 자체는 나의 힘에 달려 있다.

선택 자체는 인격 형성의 내용을 위해 결정적인 역할을 수행한다. 선택을 통해 인격은 자신이 선택한 것 속으로 침잠해 들어간다. 반대로 선택을 하지 않을 경우, 인격은 하염없이 쇠약해질 뿐이다.

변증법적으로 한 걸음 더 나아가, 절망한 자가 자기 자신이기를 거부할 때 그 원인을 알고 이와 대면하게 된다면, 상황은 완전히 돌변할 것이다. 그렇게 되면 지금까지 없었던 반항까지 일어나게 되는데, 그 절망하는 사람은 절망 속에 빠져 있지만 그런 상황에서도 자기 자신이 되고자 하기 때문이다.

보라, 나의 젊은 벗이여, 다음과 같은 삶이 절망에 빠진 삶이다. 그대는 그런 삶을 다른 사람들 앞에서는 숨길 수 있을지 모르나, 그대 자신 앞에서는 결코 숨길 수 없을 것이다. 이것이 바로 절망의 민낯이다. 하지만 다음과 같은 삶은 완전히 다른 의미이긴 하지만 절대로 절망에 빠진 삶이 아니다. 그대가 절망하기에는 너무 경솔하거나 절망과 접촉할 수 없을 정도로 너무 우울하다면, 그것은 절망에 빠진 삶이 아니다.

만약 그대가 불행이 자아 밖에 존재하는 다양한 것들 속에 있다고 믿는다면, 절망하는 사람이 절망하는 이유에 대해 잘못 생각하고 있는 것이다. 그것은 절대로 진정한 절망이라 말할 수 없다. 만약 절망이 그런 것이라면, 절망하는 사람은 세상을 사랑하는 것이 아니라, 세상을 미워하는 지경에 빠지도록 내몰고 말 것이다. 세상은 그대를 귀찮은 존재로 여길 것이다.

심오한 종교적 정서를 한번 생각해 보라. 이웃을 향한 진실하고 솔직한 사랑 때문에 절망의 바닥속으로 몰락해 들어가지만, 바로 그 넓고 깊은 곳에서 절대적인 것을 찾아내는 그 반전의 순간을 한번 생각해 보라는 것이다. 그 순간에는 그 누군가의 이마가 납작하다든가 혹은 그것이 하늘의 모양처럼 둥글게 솟아올라 있어 긍지를 갖고 있는지 따위는 중요하지 않다. 절대적인 것을 발견한 그 순간에는 오로지 절대적인 타당성만이 상황을 지배할 뿐이다.

슬픔 때문에 한 사람이 미쳐 버릴 수도 있다. 이는 자명한 사실이다. 이것만으로도 이미 삶은 지극히 어렵다. 하지만 사람에겐 강력한 의지가 주어져 있다. 이 또한 자명한 사실이다. 그는 그 의지를 가지고 강력한 바람에 맞설 수도 있다. 때로 바람에 휘날려 이상한 존재가 된다고 하더라도 강력한 의지는 결국 자신의 이성을 구원해 줄 것이다.

물론 나는 이 우울이 어떤 의미에서는 결코 나쁜 징조가 될 수 없다는 것 또한 인정하는 바이다. 우울은 일반적으로 오로지 본성적으로 재능이 있는 사람들에게서만 발견되기 때문이다.

오로지 정신만이 우울을 드러내 고칠 수 있다. 우울은 정신 속에 있는 일종의 정신병이기 때문이다. 정신이 스스로 자신의 우울을 발견하게 되면, 모든 다른 작은 고통과 더불어 우울을 불러일으키는 온갖 원인까지 순식간에 사라지고 말 것이다.

절망은 하나의 훨씬 더 심오하고 완벽한 표현이다. 절망이 활동을 개시하면 의심이 개입하는 범위보다 훨씬 더 포괄적인 영역까지 영향을 끼친다. 절망은 인격이라는 전체적인 범주를 위한 표현인 반면에, 의심은 겨우 생각의 범주에 제한된다.

의심은 구별하는 행위 안에서만 이뤄지지만, 절망은 절대적인 것 안에서 이뤄지는 행위다. 의심을 위해서는 재능이 필요하지만, 절망을 위해서는 재능이 필요하지 않다.

아주 평범한 사람도 그리고 또 재능이 전혀 없는 사람도 절망할 수 있다. 사상가의 면모는 전혀 찾아볼 수도 없는 그런 어린 소녀라 해도 절망할 수 있다. 하지만 누군가 절망에 빠진 사람을 두고 의심하는 사람이라고 말한다면, 그것이 얼마나 어리석은 일인지 누구나 다 쉽게 알아차릴 것이다.

한 사람이 안정을 찾을 수 있음에도 스스로 절망에 빠져 있거나 절망을 향하는 이유가 있다. 심오한 의미에서 보자면 그것은 절망을 추구하고 있지 않기 때문이다. 절망을 원하지 않는 자는 절대로 절망에 빠질 수가 없다. 진정한 의미에서 진실로 절망에 빠지고 싶다면, 진실로 절망을 원해야 한다. 하지만 진실로 절망을 원하면, 그때는 이미 진정한 의미의 절망은 훌쩍 넘어선 뒤다. 만약 누군가 진실로 절망을 선택했다면, 그는 절망이 선택한 그 무언가를 선택한 것이다. 그것은 바로 자기 자신이다. 자신의 영원한 타당성 안에서 선택한 것이다.

의심하는 자는 채찍으로 맞아야 잠시라도 돌아가는 팽이와 같다. 그는 채찍질이 계속되는 동안에만 겨우 곧바로 설 수 있다. 혼자서는 절대로 가만히 서 있을 수가 없다. 겨우 설 수 있는 순간이라고는 팽이처럼 맞는 순간뿐이다.

누군가 진정한 구원에 이르기 위해서는, 우선 절망부터 해야 한다. 이는 나의 가슴 속 깊은 곳에 품고 있는 확신이다.

다음과 같은 그런 시대가 도래할 날이 머지않았다. 절대적인 것을 찾기 위해서 결코 의심이 아니라 오로지 절망에서부터 시작해야 한다는 사실을 충분히 경험하여 자연스럽게 인식하게 될 그런 날이.

걱정하지 말고 절망을 선택하라. 절망 그 자체가 이미 하나의 선택이다. 사람들은 절망을 선택하지 않고서도 절망할 수 있다. 하지만 그것은 진정한 절망이라 말할 수 없다. 사람들은 오로지 절망함으로써만 진정으로 다시 선택할 수 있는 지경에 이르게 된다. 그 순간이 되면 사람들은 과연 무엇을 선택할 것인가? 사람들은 그 순간에 이르러 오로지 자신만을 선택하게 된다. 그리고 그때 자신을 직접성 속에서 선택하는 것도 아니고, 스스로 우연한 개인이 되어서 자신을 선택하는 것도 아니다. 그때는 오로지 자신의 영원한 타당성 속에서 자신을 선택할 뿐이다.

나는 절망을 선택하면서 절대적인 것을 선택한다. 나는 절망 속에서 절대적인 것을 선택한다. 이런 일이 가능한 이유는 내가 바로 절대적인 것이기 때문이다. 내가 스스로 그 절대적인 것을 규정하기 때문에, 나 자신이 절대적인 것일 수밖에 없다.

그러니까 절망을 선택하는 것은 오로지 본래의 나 자신이다. 이것이야말로 진실 중의 진실이다. 내가 진실로 절망한다면, 내가 다른 모든 사람에게 절망하는 것처럼, 나 자신에게도 절망할 수 있다. 하지만 내가 절망하는 나 자신은 유한성에 지나지 않는다. 이것은 다른 모든 유한성과 별반 다를 바가 없다. 하지만 내가 선택하는 나 자신은 절대적인 의미에서의 나 자신일 뿐이다. 이때의 나 자신은 절대적인 타당성에 걸맞은 본래의 나 자신이 되는 것이다. 그런 의미에서 본래의 나 자신인 것을 인정할 수 있다면, 내가 앞서 지속적으로 말했고 또 지금도 끊임없이 말하고 있는 이 말, 즉 '이것이냐, 저것이냐'라는 이 말을 내가 왜 미학적 삶과 윤리적 삶 사이에 적용하고 있는지도 이해할 수 있을 것이다. 이 말은 결코 말도 안 되는 어떤 딜레마를 의미하지 않는다. 나는 이 말을 가지고 오로지 하나의 선택에 대해서만 설명하고 있다.

그러니 그대여, 제발 걱정 말고 절망하라. 그대의 경솔함이 그대를 이끌어 길을 잃지 않게 하라. 그저 불안에 떨고 있는 그대의 정신을 세상 속에서 두루 돌아다닐 수 있게 내버려 두어라. 그대의 정신이 밤을 맞이하여 어둠 속에 빠질지는 몰라도, 그때조차 그대는 그저 그대를 위해 잃어버린 세상의 폐허들 사이에서 방랑하고 있을 뿐이리라. 그러니 다시 말하지만, 걱정 말고 절망하라. 그러면 그대의 정신은 두 번 다시 우울증에 빠져 신음하는 일은 없으리라. 세상은 그대를 위해 다시 아름답고 즐겁게 변할 것이다. 만약 그대가 예전과 전혀 다른 눈으로 세상을 바라볼 수만 있다면, 그대는 모든 것에서 풀려나 진정한 해방을 맛보게 되리라. 그때가 되면 그대의 정신은 우아한 날개를 펼쳐 자유의 세계 속으로 힘껏 치솟으리라.

누가 과연 불행한 사람일까? 그는 우리가 '자기 밖'이라는 말을 생각해 낼 수 있듯이, 자신의 이상과 자기 삶을 풍요롭게 만드는 재산, 자신의 의식을 채우고 있는 내용, 그리고 자신의 본질 그 자체를 자기 밖에 놓아둔 사람이다.

절망은 단순한 고통이다. 그 고통은 외부의 압박에 짓눌린 채 굴복한 것이지, 결코 내부로부터 시작하여 행동으로 나타나는 경우는 없다.

오호라, 행복의 문은 안으로 열리지 않고 밖으로 열리게 되어 있다. 그래서 아무리 억지로 당긴다 해도 그 문은 절대로 열리지 않는다. 그 문은 밖으로만 열리기 때문이다. 그대가 이에 대해 할 수 있는 것은 아무것도 없다.

그대는 지금 이 즐거움을 선택했다. 이 절망의 미소를. 이 미소를 보면서 그대는 삶으로 되돌아왔다. 그대의 현존재가 새로운 빛을 받고 있다. 그 현존재가 그대를 위해 새로운 관심을 드러내고 있다.

실존 그리고 인생

Eksistens og Liv

✝

그러니까 우리는 오로지 현실적인 삶을 바라보고 싶은 것이다.

만약 내가 여기서 요구하는 것을 자기애라고 부른다면, 나는 이렇게 대답해야만 할 것 같다. 내가 설명하고 있는 이 자신jeg에 대해서 전혀 깨달음을 얻지 못했기 때문이라고. 게다가 어떤 사람이 온 세상을 얻고서도 자신을 잃어버리고 말았다면, 그에게 자기selv가 무슨 의미가 있겠는가. 그에게 있어 현상의 본질은 무슨 의미가 있겠는가.

기사는 모든 것을 기억해 낼 것이지만, 그의 기억은 오로지 고통뿐이다. 그렇다고 해도 그는 끝없이 펼쳐지는 고통스러운 체념 속에서 결국에는 실존과 화해할 것이다.

끝없이 펼쳐지는 체념 속에도 평화와 안식이 깃들어 있다. 그래서 모든 인간은 자기 자신을 단련시켜 상상도 못할 고통 속에서도 실존과 화해하는 운동을 실현할 수 있다. 모든 인간은 스스로 하고자 하는 의지를 갖고 있고 또 그런 의지로 인해 그는 자기 자신을 가볍게 여기거나 스스로 비굴해지지 않을 수도 있다. 사실 자기 자신을 과소평가한다거나 그럼으로써 비굴해지는 이런 짓거리야말로 스스로 오만해지는 것보다 훨씬 끔찍한 일임을 깨달아야 한다.

자신을 선택하는 행위는 자신에 대해 회개하고 고통을 기꺼이 감당하는 행위와 동일하다. 이 명제는 내가 아무리 반복해도 지나침이 없다. 하물며 내가 똑같은 말을 반복한다고 해도 결코 잘못된 일이 아니리라. 내가 하는 모든 말은 이 명제를 중심으로 돌고 돌 뿐이다.

나는 마치 한 마리의 물새처럼 바다 위를 날아다니며 쉴 곳을 찾지만 모두 헛수고다. 바다는 끝도 없이 요동치고 있어 마음을 내려놓을 곳이 한 군데도 없다. 하지만 이런 흥분된 혼란이야말로 진정 나를 만드는 요소다. 나는 이 혼란 위에 나를 짓는다. 마치 물총새가 바다 위에 둥지를 틀 듯이.

거칠게 날뛰어라, 사나운 힘들이여! 휘몰아치는 파도여, 정열의 물결이여, 그대의 거품을 저 높은 구름이 있는 곳까지 치솟게 하라! 그대가 아무리 날뛰어도 나의 머리를 깨부술 수는 없으리라! 보라, 나는 여기 이렇게 절벽의 왕처럼 조용히 앉아 있노라!

용기 있는 자는 승리감으로 충만한 영웅을 보지만, 겁쟁이는 어디에서도 영웅을 보지 못하고 도처에서 귀신만을 볼 뿐이다. 나는 용기 있는 자의 승리를 확신한다. 게다가 그의 투쟁은 아름답기까지 하다.

자신을 찾기 전에 시인이 된 사람이 있다는 사실을 부정할 생각은 없다. 시를 쓰기도 전에 시인이 된 사람도 분명히 있다. 혹은 시를 써 가면서 자신을 찾아가는 사람도 있다. 하지만 시인이 어둠 속에 놓여 있다는 말 또한 사실이다. 그리고 그가 있는 그 어둠을 치열하게 관통하여 밑바닥까지 도달할 수 있는 절망은 존재하지 않는다. 시인의 영혼은 영원히 절망 속에서 치를 떨 것이고, 시인의 정신은 단 한 번도 진정한 빛을 보지 못할 것이다.

어떤 악마도 그대를 제거할 수 없다.

머무를 수 있는 것은 오로지 한순간뿐이다.

삶 속에서 마주하는 불안은 그저 순간에 불과하다.

이런 인생에 관한 나의 고찰은 완전히 쓸모없는 짓이다. 이는 마치 어떤 악령이 내 코 위에다 안경을 하나 씌워 놓은 것 같다. 그런데 이 안경의 한쪽 알은 사물을 엄청나게 크게 확대해 주고, 다른 한쪽 알은 정반대로 사물을 무서우리만큼 작게 축소해 버린다.

희망 속에 빠져 사는 불행한 사람은 회상 속에 빠져 사는 사람만큼 고통스럽지는 않다. 희망 속에 빠져 사는 사람은 그나마 좋은 느낌을 선사하는 망상 속에서 살고 있다. 그래서 만약 우리가 가장 불행한 사람을 찾고자 한다면 항상 회상 속에 빠져 사는 사람을 찾아야 한다.

운명은 정신과의 관계 속에서 형성된다. 하지만 그것은 외적인 관계일 뿐이다. 내면을 보면, 운명은 정신과 정신이 아닌 어떤 것과의 관계 속에서 형성된다. 하지만 정신이 아닌 그 어떤 것도 어떤 식으로든 정신과 관계를 맺고 있을 뿐이다. 운명은 정확하게 말하자면 대립하는 어떤 것과 공존함을 의미한다. 운명은 필연성과 우연성으로 이루어진 하나의 통일이다. 세상 사람들은 지금까지 바로 이런 점을 주의 깊게 살피지 못했다.

이것이 운명이다. 운명은 아무것도 아니다. 천재는 스스로 자신의 운명을 발견해 낸다. 그리고 천재성이 심오하면 심오할수록, 그가 발견해 내는 운명 또한 더 심오해진다.

천재는 위험한 순간에 가장 강해진다.

천재가 불안을 느끼지 않고 존재한 적은 단 한 번도 없다.

천재는 스스로 자기 내면으로 향하면서 자유를 발견한다.

순간 속에서 마침내 역사가 시작된다.

인격은 오로지 절망 속에서 안정을 되찾는다. 인격의 안정은 필연성과 관계되지 않는다. 내가 절망에 빠졌다면 그것은 결코 필연적인 것 때문에 벌어진 일이 아니다. 필연적으로 절망할 수는 없다. 반면에 자유와 관련해서는 충분히 절망에 빠질 수 있다. 그런데 바로 이 자유 속에서만 절대적인 것이 획득된다.

선과 악의 구별은 영원히 남을 것이다.

위대한 열정은 이민자와 같다. 이들은 스스로 사막으로 향했고, 그들이 그곳에서 자신들의 제국을 되돌려받았다는 뜻이다.

모든 것이 다시 돌아오지만, 모든 것이 변해 있다.

얘야, 네가 침묵하면 신이 될 수 있지만,

비밀을 누설하면 그저 한 사람이 될 뿐이란다.

오라, '잠'이여! 오라, '죽음'이여! 아무것도 약속하지 않지만, 모든 약속을 지키는 그대여.

이는 반드시 명심해 두어야 한다. 그대의 인생은 지나간다. 그대를 위한 시간도 문을 닫고 그대 뒤에 놓인다. 그 시간과 함께 그대 뒤에는 오로지 기억만이 남겨질 것이다. 하지만 그 기억은 그대가 그토록 사랑했던 의미, 즉 진리로서 그리고 문학적 창작의 의미로서가 아니라, 오직 양심의 가책을 불러일으키는 가장 진지하고 충실한 의미로서 남겨지게 될 뿐이다. 그대를 양심의 가책으로부터 지켜 내라. 기억이 그대 앞에 일련의 목록을 제시하는 일이 없도록 그대 자신을 지켜라. 그대는 그 목록들 앞에서 자신이 저지른 일들에 의해, 그 일이 범죄가 될 수 있었던 가능성에 의해, 그런 어둠의 그림자에 의해 그대는 스스로 추격을 당할 수 있으니까.

"시간은 쏜살같이 지나가고, 인생은 강물처럼 흘러간다." 사람들은 이런 식으로 말하곤 한다. 하지만 나는 알지 못한다. 시간은 조용히 머물러 서 있을 뿐이고, 그리고 나는 그 시간과 함께 서 있을 뿐이라는 것을. 나 자신을 던져 넣으며 기획했던 모든 계획은 결국 내 위로 쏟아지듯이 되돌아온다. 내가 침을 뱉는다면, 결국 내가 나의 얼굴에 침을 뱉는 꼴이 되고 만다.

어느 극장에서 벌어진 일이다. 무대 위에서 불이 났다. 그 때 어릿광대가 무대 위에 등장하여 관객들에게 그 위급한 소식을 전했다. 사람들은 그것을 우스갯소리로 알아듣고 웃으며 박수를 쳐 주었다. 그 어릿광대가 당황하여 다시 소리 높여 불이 났다고 외쳐 대자, 관객들 또한 이에 대해 화답하듯이 더 크게 웃어 댔고 더 크게 박수를 쳐 댔다. 그래서 나는 이렇게 생각했다. 모든 것을 우스갯소리로 알아듣는 정신머리를 가진 자들로부터 열렬한 환호를 받으며 세상이 몰락해 가는 것은 아닐까 하고. 이 정신머리들은 세상의 몰락 소식조차 우스갯소리라고 믿을 것이 틀림없다.

“절대로 용기를 잃어서는 안 됩니다. 아무리 큰 시련이 닥쳐와도 구름을 뚫고 내려오는 도움의 손길을 볼 것입니다.” 존경하는 예스퍼 모르텐 목사가 지난 오후 예배 시간에 이렇게 말했다. 나는 자주 드넓은 하늘 아래에서 산책을 즐겼지만, 목사가 말한 그런 것은 단 한 번도 본 적이 없었다. 그런데 바로 며칠 전 끝없이 펼쳐진 들판 위를 여유롭게 돌아다니다가 그런 현상을 목격했다. 물론 그것은 분명 그 어떤 손도 아니었다. 아니, 팔이라고 말했더라면 더 나았을 뻔했다. 그것은 두꺼운 구름을 뚫고 뻗어 나오고 있는 듯했다. 나는 깊은 생각에 잠겼다. 그러고 나서 이런 생각을 했다. 지금 바로 여기에 예스퍼 목사가 있었더라면, 그는 이것을 보고 분명 이렇게 외쳤을 것이다.

▷▷

▷▷

"제가 말하려 했던 것이 바로 저것입니다!" 이런 생각들에 한창 잠겨 있었을 때, 한 나그네가 말을 걸어왔다. 그는 흥분하여 구름을 가리키며 말했다. "회오리치는 저 물기둥이 보이시나요? 이 근처에서는 저런 것을 보기 쉽지 않습니다. 저것은 집이란 집은 남김없이 다 싹 쓸어가 버립니다." "아, 걸음아 나 살려라!" 하고 외쳐 대며 나는 달아났다. "저것이 그 무서운 회오리치는 물기둥이라고?" 나는 그 나그네가 한 말을 되뇌었다. 나는 발이 닳도록 달리고 또 달렸다. 온 힘을 다해 달렸다. 만약 존경하는 에스퍼 모르텐 목사가 이런 소리를 들었다면, 그는 무슨 말을 했을까?

사랑은 스스로 수많은 한계를 지녀야 한다. 그 모든 한계는 동시에 하나의 욕정을 불러일으키는 시도를 가능하게 해 준다. 한계를 알아야 넘어설 수 있다.

사랑은 공포를 몰아낸다. 그러나 만약 사랑이 한순간에 자신에 대해, 자신이 삶을 통해 구원받을 수 있을지에 대해 공포를 느끼게 된다면, 그때는 의무감이 곧 신적인 양식으로 떠오를 수 있게 된다. 이 의무감은 다음과 같이 말을 할 것이다. 두려워하지 말라. 그대는 반드시 승리할 것이다. 미래를 향해서만 말을 한 것이 아니다. 만약 그랬다면 하나의 희망 사항밖에 되지 못한다. 그래서 이는 명령이기도 하다. 이런 명령의 의미와 어감 속에는 일종의 확신이 담겨 있다. 그 확신은 어떤 것에 의해서도 동요될 수 없다.

그러니 그대는 사랑이 떠나가게 내버려두어야 한다. 만약 단 한 번만이라도 절망에 빠진 생각이 그대를 점령하게 되면, 그래서 무언가를 해야 한다는 의무감이 사랑의 적으로 인식되면, 그 순간 이미 그대의 패배는 확실하다.

결혼을 해도 후회할 것이고, 결혼을 안 해도 분명 후회할 것이다. 결혼을 하든 결혼을 안 하든, 그대는 두 가지 경우 모두 후회하게 될 것이다. 세상의 어리석은 일들을 바라보며 배꼽 잡고 웃어도 후회할 것이고, 이를 보고 하염없이 울어도 후회할 것이다. 한 처녀를 믿어도 후회할 것이고, 믿지 않아도 후회할 것이다. 하고 싶은 대로 해도 그대는 분명 짜증을 낼 것이다. 목을 매달아도 후회할 것이고, 목을 매달지 않아도 후회할 것이다. 바로 이것이 삶의 지혜에 있어서 핵심이 되는 말이다.

나는 그대가 수술에 능숙한 의사라는 사실을 의심하지 않는다. 그대는 비밀로 가득 찬 방의 구조를 잘 알고 있다. 그 방 안에는 고통과 슬픔이 들어앉아 있지만, 그대는 그것들을 찾아 들어갈 줄 안다. 게다가 그대는 절대로 잊지 않을 것이다. 그 방 안으로 들어간 뒤 방문 뒤에서 그대 자신을 다르게 바라보는 법을. 그리고 적당한 시간에 다시 바로 그 문을 통해 자기 자신을 떠나며 되돌아 나오는 법을. 나는 확신한다. 이 모든 것을 그대는 해낼 수 있으리라고, 또한 그대가 그대의 환자를 회복시킬 것이라고.

뱃사람들이 한 이야기를 들려주었다. 그들은 드넓은 태평양에서 가끔 작은 배 한 척을 보았다고 한다. 사람들은 그 배를 가리키며 방랑하는 네덜란드인이라고 부른다. 그 배는 작은 범선에 지나지 않을 수 있지만, 바람을 타고 큰 파도를 헤치며 바다를 떠돌아다닌다는 것은 사실인 듯했다. 인생이라는 바다에서 맞이하는 그대의 항해도 이와 비슷하다. 그대는 혼자서 자신의 배를 타고 가야 한다. 그 배는 그대만을 싣고 항해에 임해야 한다. 이 공허함을 무엇으로 채워야 할지 그대는 전혀 알지 못한다. 그러나 그대는 내가 유일하게 알고 있는 사람이다. 나는 그대에게 오로지 진실만을 전하고자 한다. 그대는 배에서 자신의 시간을 유용하게 보낼 수 있도록 도와줄 누군가를 찾고 있다는 사실을 나는 잘 알고 있다. 그래서 그대는 이렇게 말

▷▷

▷▷

해야 한다. 나는 배에서 혼자 시간을 보내야 하고, 근심을 갖고 혼자 항해해야 하며, 절망을 품고서 혼자 견뎌 내야 한다. 하지만 이 모든 것들은 충분히 성스럽고, 그래서 그 모든 것과 함께 기꺼이 머무르고자 한다. 그렇게 될 수 있을 때, 마침내 이 모든 것들은 고통스러워하는 자를 구원한다. 이 모든 것이 그대의 인생에 드리워진 어둠을 빛 속에 드러낼 수 있기를 바라며, 나는 그대에게 감히 말하고자 한다. 지금 한 이 모든 말들은 그대를 불안하게 만들 요량으로 한 것도 결코 아니고, 또 내가 지혜로워서 해 준 말도 결코 아니다. 나는 잘 알고 있다. 그대 또한 충분히 영리하다는 것을. 그대는 자기 자신을 불안하게 만들 수 있을 정도로 영리하다는 사실을.

어쨌거나 인생은 충분히 풍부하다. 제대로 바라볼 수 있는 눈만 가지고 있으면 된다. 인생이 풍부하다는 것을 알기 위해 파리나 런던으로 여행까지 떠날 필요도 없다. 아무리 여행을 다녀도 사물을 제대로 바라볼 수 있는 눈이 없으면 아무 소용이 없다. 오직 여행에 알맞은 시선을 가지고 있을 때만 그 여행이 가치가 있을 뿐이다.

쇠사슬이 끊어졌다. 그리움에 가득 차서, 강력하게, 용감하게, 신성하게, 그녀는 날갯짓을 하며 날아간다. 태양을 향해 날아가는 독수리처럼 날아간다. 날아라, 독수리여, 날아라! 이토록 장엄한 비상이 그녀를 나에게서 떼어 놓는다면, 나는 끝도 없는 고통 속으로 깊이 빠져들 것이다. 하지만 나는 그녀를 가볍게 해 주었다. 하나의 생각처럼 가벼워졌다. 그리고 이제부터 이 생각은 더 이상 나에게 예속되어서는 안 된다! 만약 그 생각이 조금이라도 나에게 속한다면, 그것은 또 하나의 절망을 의미하리라. 조금 전은 내가 몰두한 적이 없고, 조금 후는 어찌 되었든 간에 나를 걱정에 빠뜨리지 않는다. 그러나 지금, 지금, 바로 지금, 이는 나에게 영원한 것이 되리라. 그러나 그녀는 나를 떠나며 날아가려 하지 않는다. 제발 날아라, 독수리여, 날아가라! 너의 날개에 긍지를 가지고 높이 날아라! 곧 내가 그대 곁에 있으리라! 곧 내가 모든 세상으로부터 은폐되어 있는, 깊고 깊은 고독의 대기 속에 그대와 함께 있으리라!

작별 인사

Farvel

†

내가 여기서 말한 모든 것은 대학에서 얻을 수 있는 그런 수준 높은 지식이 아니다. 누구나 원하면 말할 수 있는 것이다. 그리고 또 누구나 원하기만 하면 배울 수도 있는 것이다. 나는 이 모두를 대학 강의실에서 배운 것이 결코 아니라는 말을 하고 싶을 뿐이다. 이렇게 말하면 어떨까. 여기서 내가 말한 것은 모두 집 거실에서 배웠다고. 혹은 이렇게 말하면 또 어떨까. 내가 어렸을 때 시간을 보냈던 그 아이의 방에서 이 모든 것을 배웠노라고.

이제 그대는 스스로가 자유롭다고 느낄 것이다. 그리고 그대가 그동안 살아왔던 세상을 향해 다음과 같이 작별 인사를 나눌 것이다.

이렇게 나는 멀리 아주 먼 곳으로 떠나노라
나의 모자 위에는 그저 별들이 떠 있을 뿐이다

그대가 원할 때면 언제든지 오라. 항상 환영하고 기다리겠노라. 그리고 그대가 원하는 만큼 머물러라. 그대는 언제나 편한 손님이니. 그리고 그대가 원하면 언제든지 떠나라. 항상 모든 것을 그대 마음에 맡기겠노라.

어제는 사랑했고

오늘은 괴로워하고

내일은 죽으리.

그래도 나는

오늘도, 내일도

어제처럼 생각하리.

책 소개

실존 철학의 시작을 알린 키르케고르의 잠언들을 모아 보았다. 좀 거만하게 들릴지도 모르지만, 내 인생에 힘을 선사해 준 문장들이라고 장담하고 싶다. 내가 느끼고 즐겼던 그 힘을 독자들과 공유하고 싶다는 욕망이 이 책의 출발 지점을 형성해 주었다.

키르케고르의 철학은 절망의 형이상학이고 절망의 변증법이다. 이 세상에 태어나 절망 한번 해 보지 않은 사람은 없고, 세상 꺼지듯이 한숨 한번 내뱉지 않은 사람은 없다. 결국 인간의 본질은 절망이라는 이념에 의해서만 구현될 뿐이다. 오로지 절망을 통해서만 인간은 스스로 구원의 길을 찾게 될 것이다.

이 책의 주제는 '절망'이다. 이 절망이라는 개념으로 엮어 낼 수 있는 또 다른 개념은 무수히 많다. '걱정', '근심', '두려움', '불안', '의심', '비극', '슬픔', '우울', '좌절', '후회' 등, 온갖 부정적인 말들이 여기에 엮일 수 있다. 이들 모두 키르케고르가 자주 언급했던 개념들이다. 이런 개념들을 가지고 인식의 그물을 엮어야 한다. 다양한 현상 속에서 단일한 본질을 찾아내야 한다.

부정의 전제는 긍정이다. 긍정을 알고 있기에 부정을 피해 갈 수 없을 뿐이다. 아침을 기다리는 정신은 어둠을 피해 갈 수 없다. 어둠은 참고 견뎌야 하는 대상일 뿐이다. 정신이 맞이하는 어둠은 상대적이다. 정신이 강할수록 어둠 또한 깊어질 것이다. 공부하면 할수록 질문이 솟구칠 것이다. 하지만 겁먹지 말자. 질문이 있어야 대답이 들릴 테니까.

물론 부정적인 개념을 보고 나면 긍정적인 개념도 보일 것임은 틀림없다. '가능성', '희망', '기쁨', '행복', '사랑' 등이 개념으로 보이기 시작하면, 삶은 무궁무진한 놀이를 제공해 준다. 이제부터 웃고 즐기며 살 일만 남는다. 생각하는 존재에게 이제 삶의 현장은 자유로운 생각의 놀이터가 되어 줄 것이기 때문이다.

실존은 삶이고, '실존 철학'은 삶을 위한 철학이다. 일명 '생철학'이라 불리는 것이 실존 철학의 다른 이름일 뿐이다. 삶이라 말하든, 인생이라 말하든 상관하지 말자. 사람의 삶도 좋고 인간의 인생도 좋다. 신이 불안을 느꼈다거나 절망했다는 말은 들어 본 적이 없지만, 사람이 불안과 절망 때문에 길을 잃고 방황했다거나 그런 와중에 눈물까지 흘렸다는 소리는 지극히 당연한 소리가 될 뿐이다.

사랑하며 치솟았던 욕망만큼 절망은 깊은 어둠 속으로 우리를 끌고 내려간다. 행복했던 만큼 불행과 마주서게 할 것이다. 삶의 여정은 다 똑같다. 나아갔던 만큼 되돌아와야 한다는 것이 삶이 가르쳐 주는 불멸의 원칙이다. 절망이 클수록 사랑이 컸었다는 증거가 되기도 한다. 감당할 수 없는 절망은 없다. 눈물은 나겠지만, 그 눈물 때문에 사물이 더욱 선명하게 보일 것이다.

기독교 정신에 익숙했던 사람들에게 '이것이냐, 저것이냐' 하는 식으로 자유롭게 선택을 강요하는 소리 앞에서 당황할 수도 있겠지만, 믿음의 논리가 아니라 훈련과 노력의 논리로 적응하고 단련된 정신은 오히려 이런 소리 앞에서 소리를 본다는 관음觀音의 경지를 경험할 수도 있으리라.

'불안'이라는 개념 하나를 잘 다룰 줄 알면 희망을 쟁취하게 해 주는 최고의 무기가 될 수 있다. 무기가 손에 쥐어지고 나면 영웅이 탄생할 시점이 되었다. 아서 왕도 엑스칼리버를, 지크프리트도 노퉁을 갖고 있었다. 우리는 이제 '절망'이라는 명검을 손아귀에 거머쥐어 보자. 절망의 전사가 한번 되어 보자.

쇠렌 오뷔에 키르케고르

Søren Aabye Kierkegaard

키르케고르는 덴마크의 철학자다. 하지만 그의 저서 속에 언급되는 이야기는 대부분 독일 철학과 맞닿아 있다. 독일 철학으로 확대 해석해도 무리가 없을 정도다. 그의 철학은 특히 니체와 연결되어 생철학Lebensphilosophie이라는 거대한 강물을 형성했다.

중세 천 년 동안 하늘만 바라보았다면, 이제야 겨우 세상을 바라보려 하는 눈이 뜨이고 있었다. 하늘나라에 있을 신에 대한 설명은 오랜 세월에 걸쳐 정의되었지만, 이 세상에서 살아가고 있는 사람들에 대한 이야기는 이제 막 첫걸음을 뗐을 뿐이었다.

키르케고르는 당시 유행하던 학문인 신학을 공부했지

만, 실망만 거듭했다. 그의 눈에 비친 세상 이야기는 신학이 들려주는 이야기로는 해결될 수 없었기 때문이다. 그는 천국에서 펼쳐질 영생을 포기하고, 이 세상에서 살아야 할 삶을 선택했다. 그의 선택이 악마적이라는 이유로 비난받았던 것은 사실이다.

신학의 입장에서 보면 키르케고르는 불행한 철학자가 맞다. 그는 방황만 거듭하다가 마흔두 살에 요절한 철학자다. 하지만 꼭 오래 살고 또 천국에서 영원히 살아야 진정으로 행복할까? 키르케고르의 철학이 눈물만 흘리고 있는 모습을 연출한다고 판단한다면 그것은 큰 오해의 산물이리라.

키르케고르의 철학은 불멸이 되었고, 그의 책은 고전이 되었다. 대한민국의 면적과 비교하면 절반도 안 되고 인구를 비교하면 반의반도 안 되는 나라이지만, 이런 철학자를 배출했다는 점에서는 부러울 뿐이다. 이런 부러움이 있어야 독서에 불이 붙을 수 있다. 이런 불이야말로 진정 부질없는 일이 아닐 것이다. 신학을 거부하고 인문학의 도래를 꿈꿨던 철학자의 목소리에 귀를 열어 보자.

출처

Kierkegaard, Sören: 《Entweder-Oder》, hrsg. von Viktor Eremitta, aus dem Dänischen übers. von O. Gleiß, Verlag von K. Ludwig Ungelenk, Justus Naumanns Buchhandlung, Dresden 5/1909: 17, 18, 20, 24, 25, 26, 27, 29, 32, 33, 34, 37, 38, 43, 48, 149, 153, 164, 169, 177, 230, 232, 233, 280, 282, 283, 364, 374, 378, 385, 386, 444, 445, 447, 468, 470, 504, 505, 506, 508, 509, 510, 511, 512, 513, 516, 519, 521, 522, 523, 525, 533, 537, 538, 539, 545, 546, 547, 556, 557, 561, 562, 563, 565, 566, 571, 573, 576, 608, 627, 636, 641쪽.

Kierkegaard, Søren: 《Der Begriff Angst》, aus dem Dänischen übers. von Gisela Perlet, Reclam, Stuttgart, 1992: 62, 85, 86, 88, 114쪽.

Kierkegaard, Sören: 《Die Krankheit zum Tode/Furcht und Zittern/Die Wiederholung/Der Begriff Angst》, aus dem Dänischen übers. von Walter Rest u.a., dtv, München, 10/2021: 5, 23, 33, 47, 57, 58, 78, 79, 99, 109, 169, 212, 213, 222, 224, 537, 547, 561, 563, 571쪽.

우리에겐
절망조차 금지되어 있다

초판 1쇄 인쇄 2024년 02월 13일
초판 1쇄 발행 2024년 02월 27일

지은이 쇠렌 오뷔에 키르케고르
엮은이 이동용

펴낸이 이방원
책임편집 배근호 **책임디자인** 박은정
마케팅 최성수·김준 **경영지원** 이병은

펴낸곳 세창미디어
신고번호 제2013-000003호 주소 03736 서울시 서대문구 경기대로 58 경기빌딩 602호
전화 02-723-8660 팩스 02-720-4579 이메일 edit@sechangpub.co.kr 홈페이지 http://www.sechangpub.co.kr
블로그 blog.naver.com/scpc1992 페이스북 fb.me/Sechangofficial 인스타그램 @sechang_official

ISBN 978-89-5586-801-2 03160